This book belongs to

In cooperation with
The Education Department of
The Workmen's Circle
45 East 33 Street, New York, NY 10016

Library of Congress Cataloging-in-Publication Data
Sheheen, Dennis, 1944–
A child's picture English-Yiddish dictionary.

Summary: A Yiddish/English picture dictionary with an illustrated
section of words accompanying each letter of the alphabet.
Illustrations are identified in both languages.
1. Picture dictionaries, Yiddish. 2. Picture dictionaries, English. 3.
Yiddish language – Dictionaries, Juvenile – English. 4. English
language – Dictionaries, Juvenile literature. [1. Picture dictionaries,
Yiddish. 2. Picture dictionaries. 3. Yiddish language materials –
Bilingual] I. Title.

PJ5117.S54   1985   437'.947   85-15659
ISBN 0-915361-29-9

Adama Books, 306 West 38 Street, New York, NY 10018

Printed in Israel

A Child's Picture Dictionary

English / Yiddish

illustrated by Dennis Sheheen

Adama Books   New York

Aa

automobile
דער אויטאָ

ant
די מוראַשקע

airplane
דער עראָפּלאַן

apple
דער עפּל

Bb

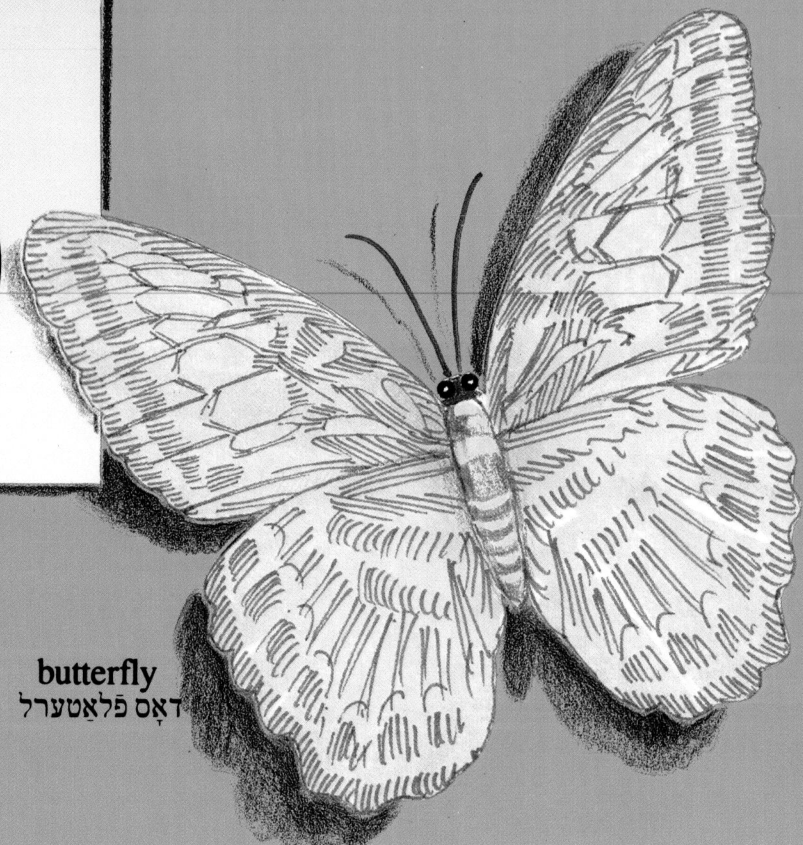

butterfly
דאָס פֿלאַטערל

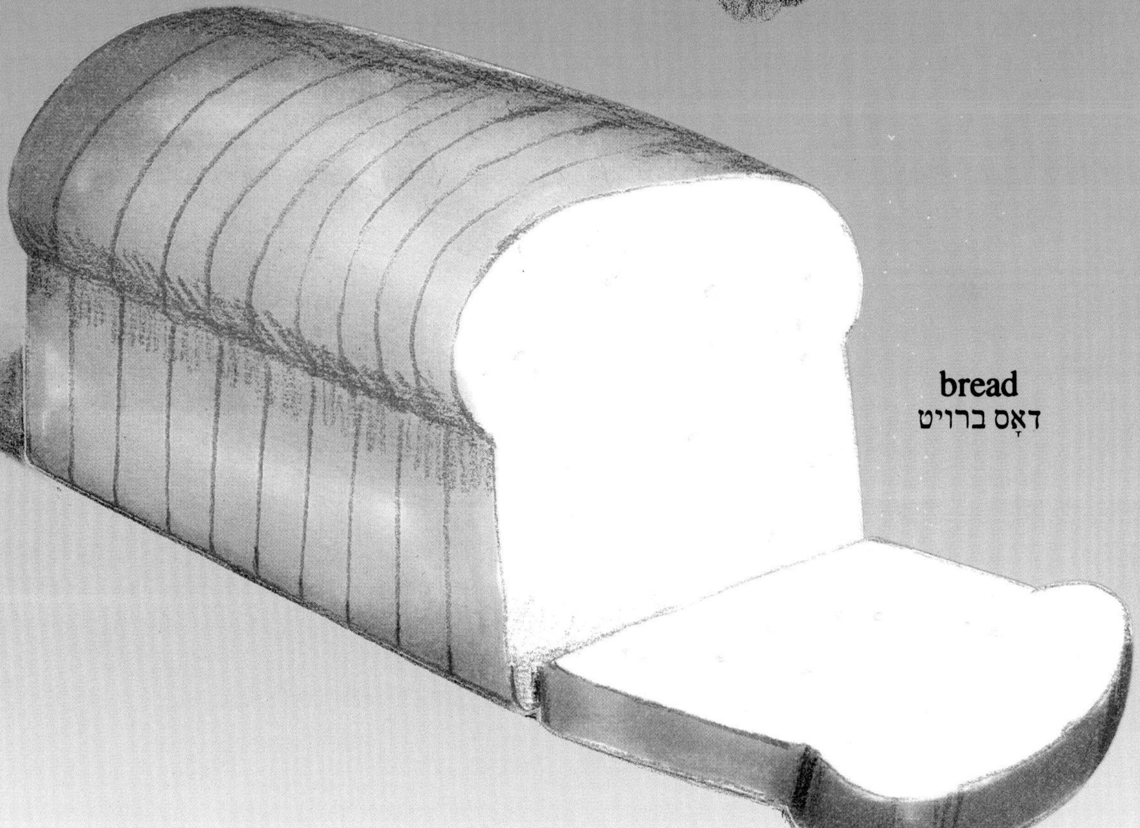

bread
דאָס ברויט

banana
די באַנאַנע

ball
דער באַלעם

Cc

camel
דער קעמל

clown
דער פּאַיאַץ

cloud
דער וואָלקן

cat
די קאַץ

coat
דער מאַנטל

Dd

dog
דער הונט

drink
דאָס געטראַנק

doorknob
די קליאַמקע

door
די טיר

doll
די ליאַלקע

Ee

FOR YOU

envelope
דער קאָנווערט

egg
דאָס איי

eye
דאָס אויג

elephant
דער העלפֿאַנט

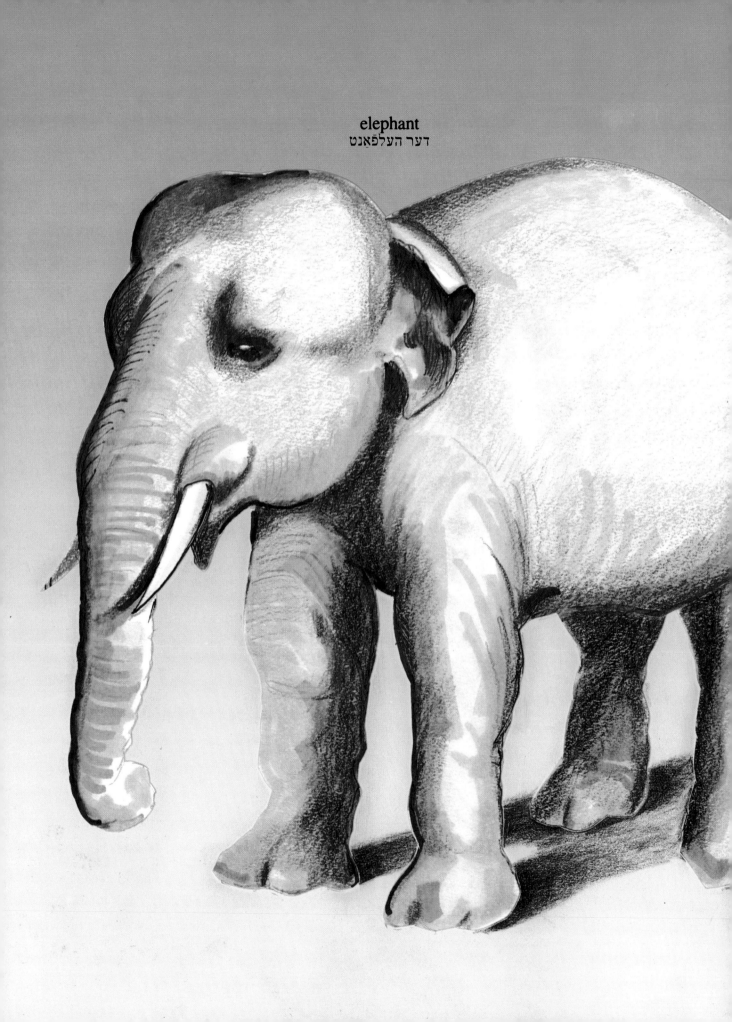

Ff

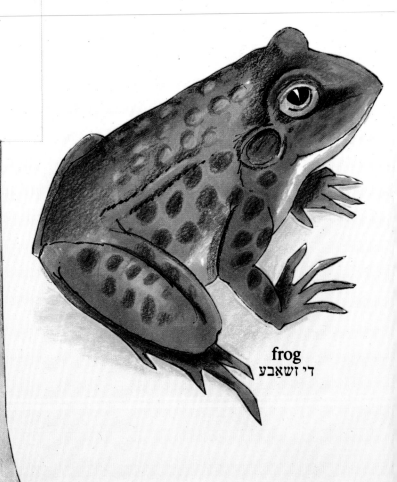

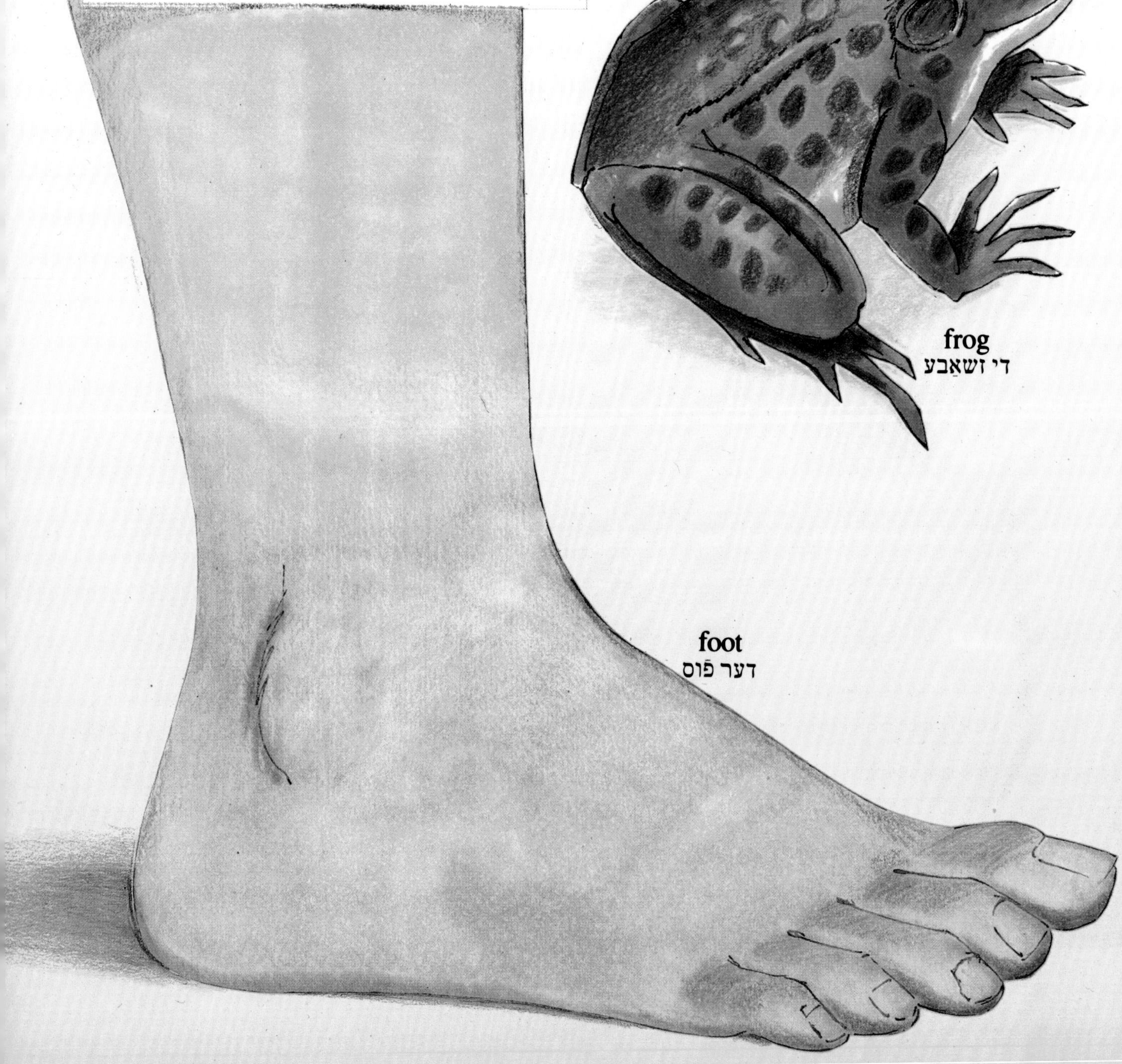

frog
די זשאַבע

foot
דער פֿוס

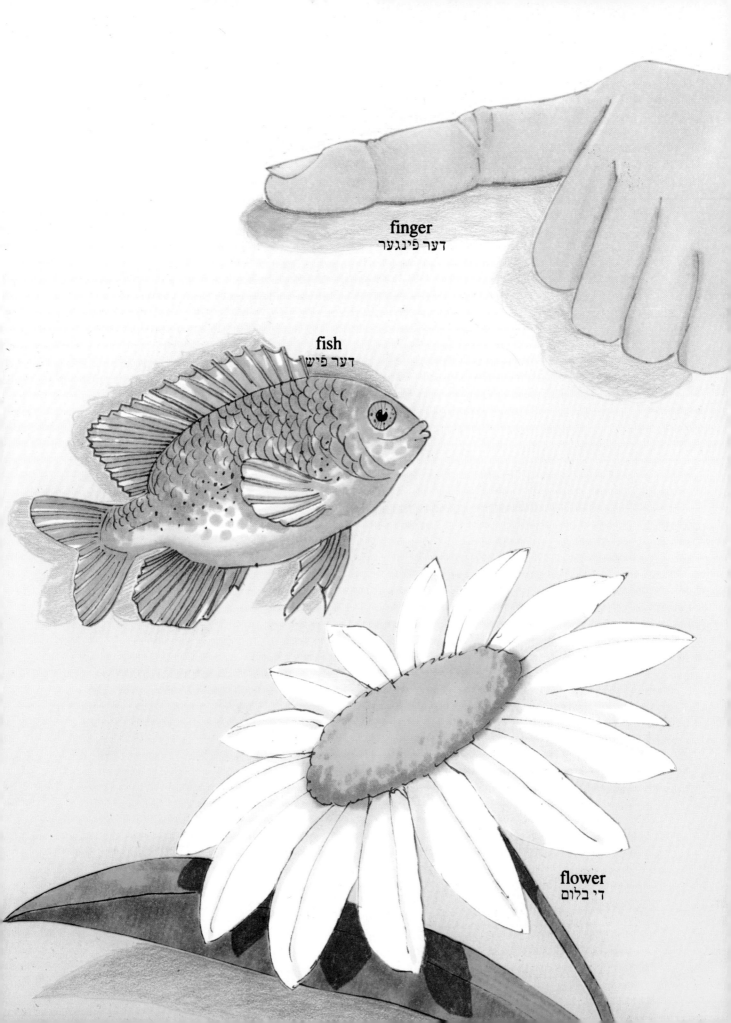

finger
דער פֿינגער
fish
דער פֿיש
flower
די בלום

Gg

giraffe
דער זשיראַף

gift
די מתנה

glass
דאָס גלאָז

giant
דער ריז

Hh

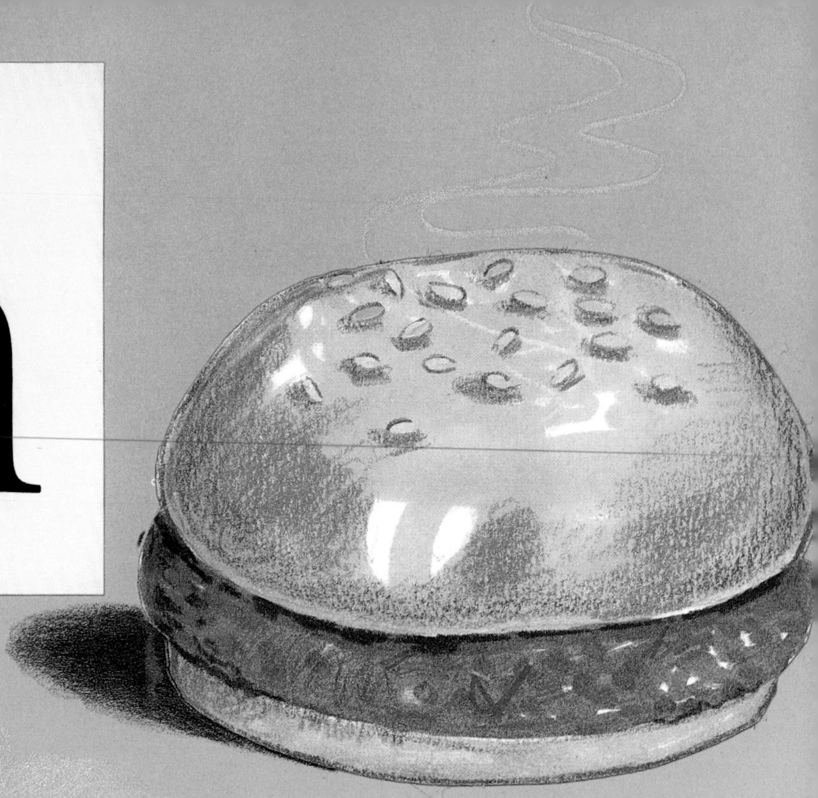

hamburger
דער האַמבורגער

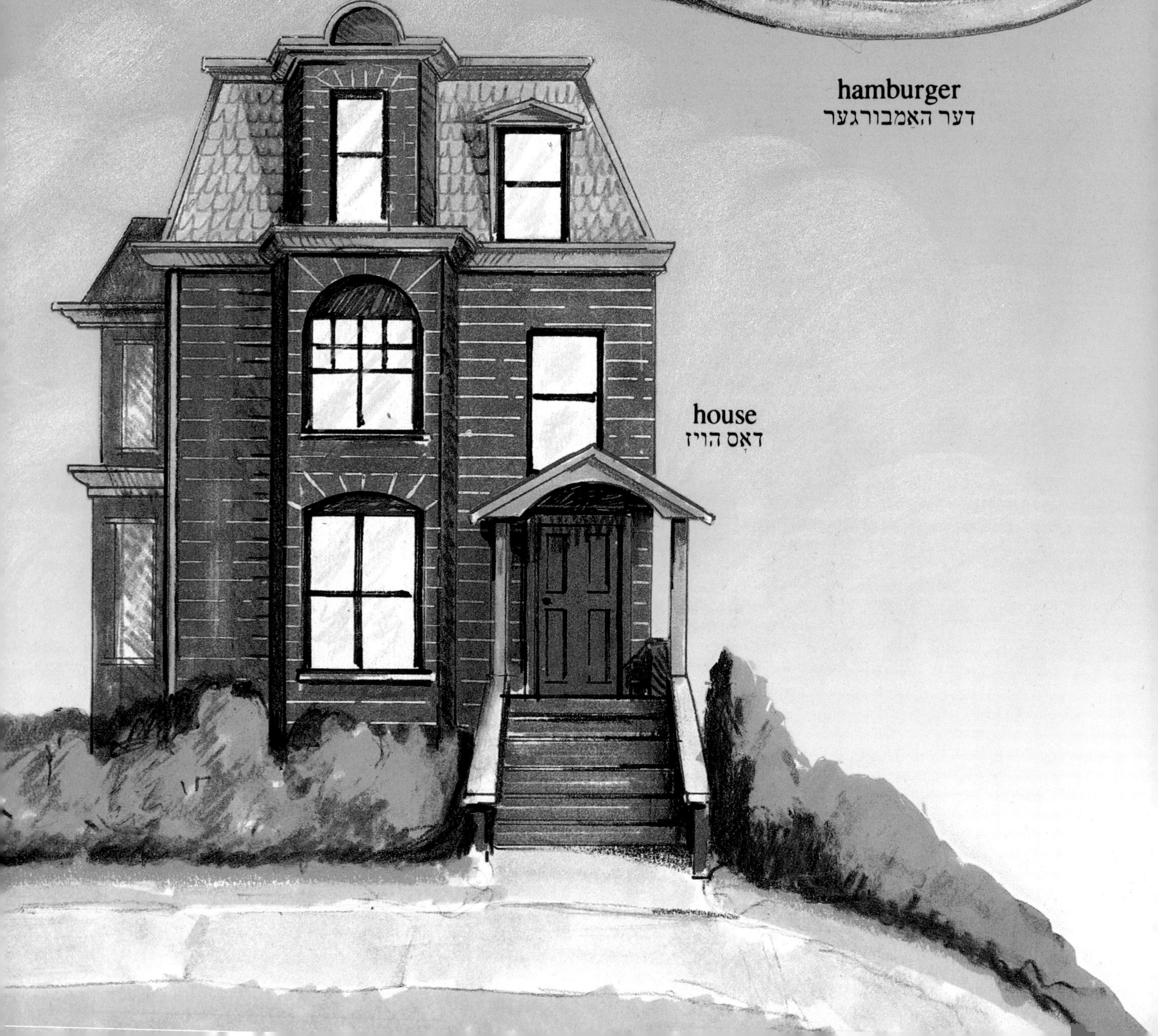

house
דאָס הויז

horn
דער טרומייט

horse
דער פֿערד

Ii

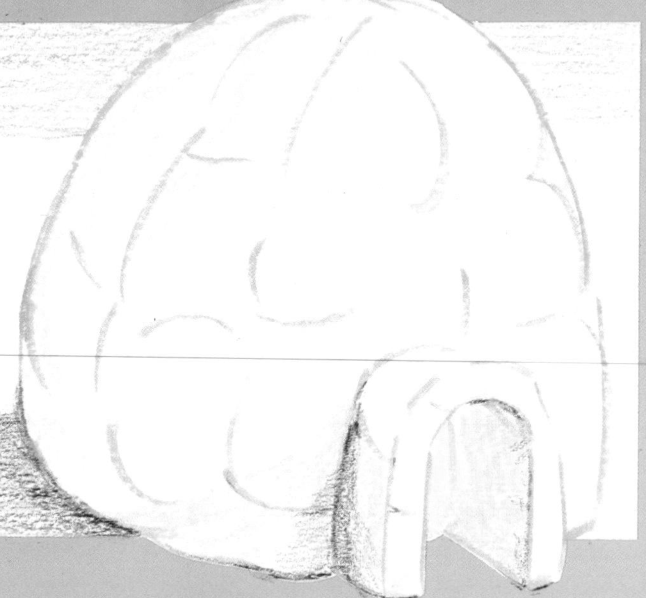

igloo
דער איגלו

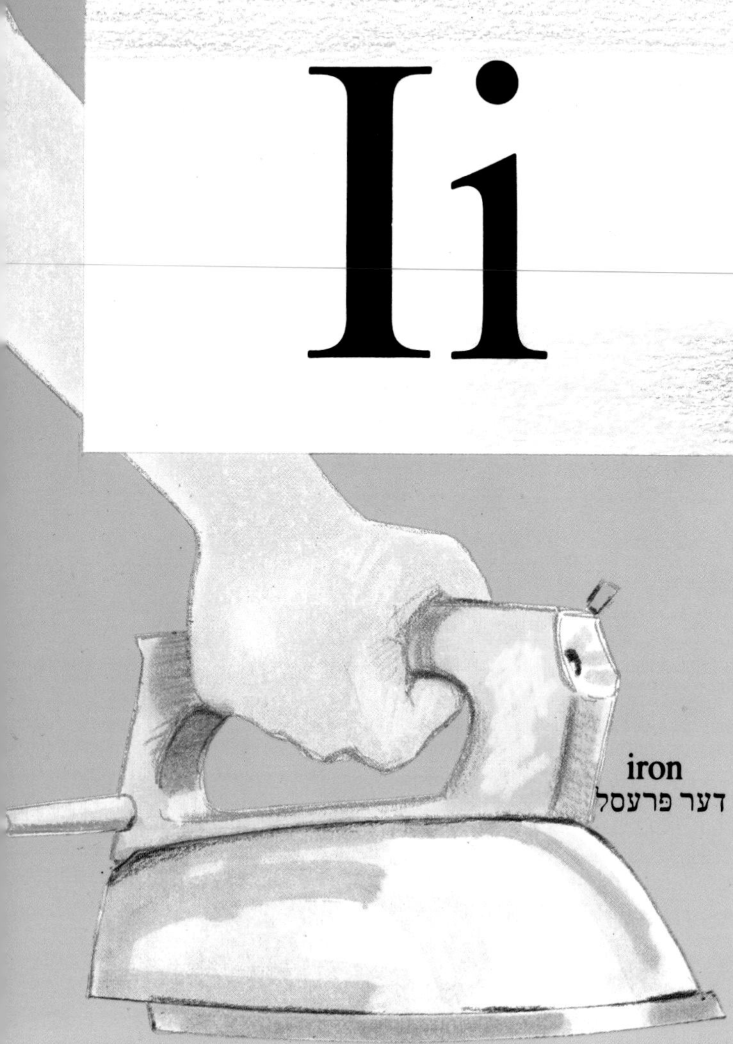

iron
דער פּרעסל

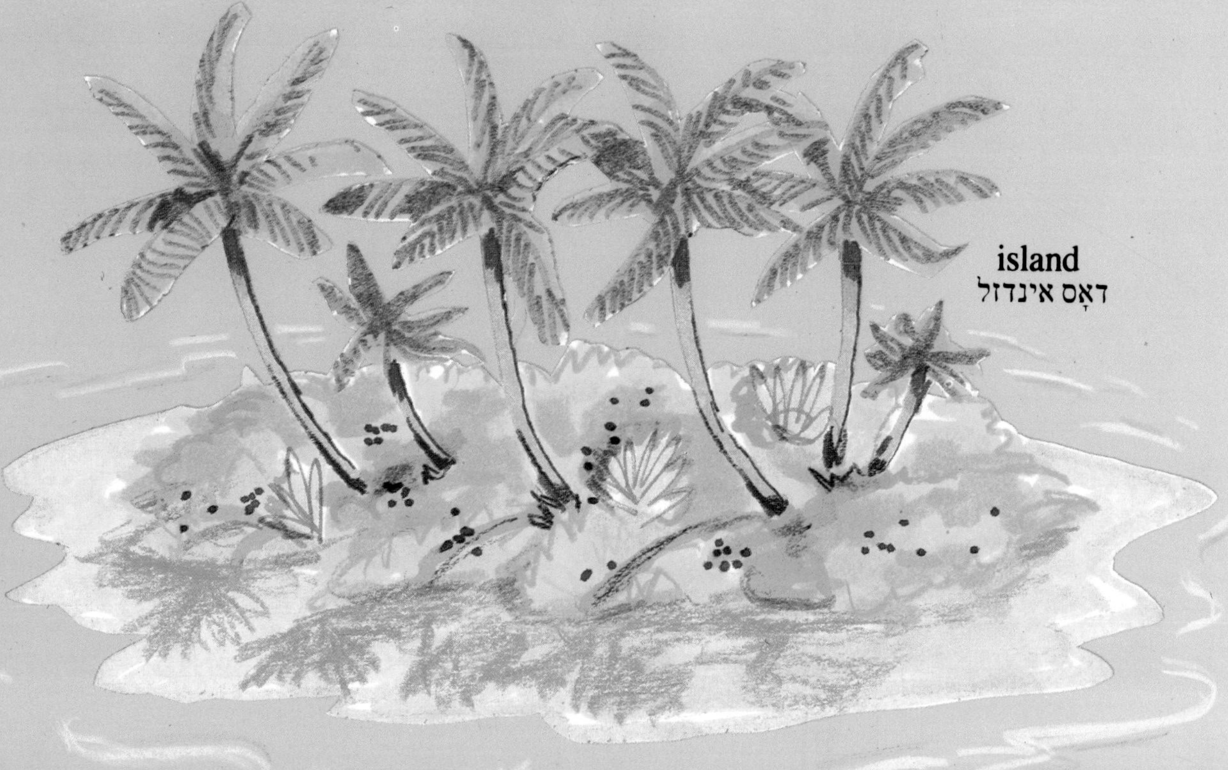

island
דאָס אינדזל

Jj

jacket
דאָס רעקל

juggler
דער קונצן־מאַכער

jigsaw puzzle
דאָס בילד־רעטעניש

K k

key
דער שליסל

kite
די פֿלי־שלאַנג

kangaroo
דער קאַנגורו

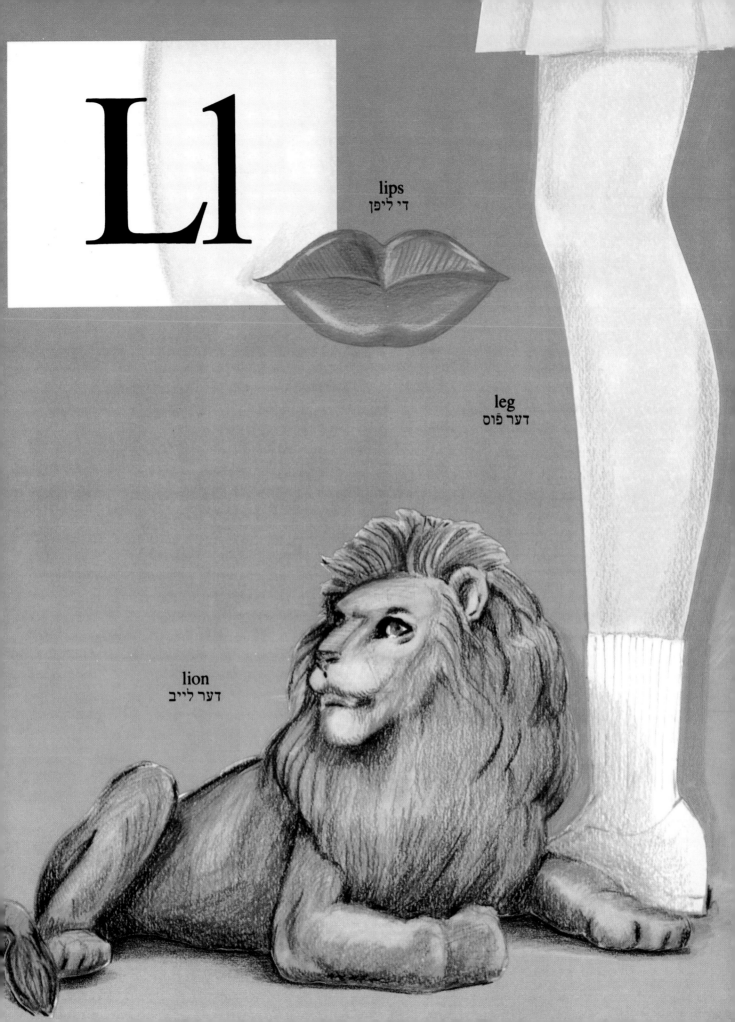

Ll

lips
די ליפּן
leg
דער פֿוס
lion
דער לייב

Mm

mother
די מאַמע

man
דער מענטש

moon
די לבֿנה

magic
כּישוף

Nn

nest
די נעסט

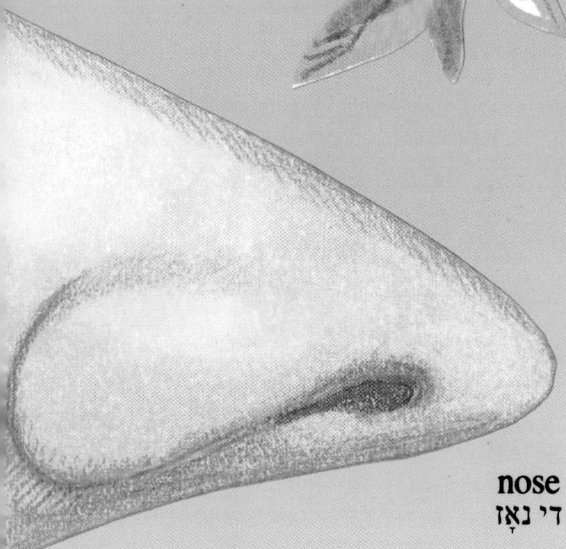

nose
די נאָז

numbers
די נומערן

1	2	3	4	5
one	two	three	four	five
איינס	צוויי	דריי	פיר	פֿינף

night
די נאַכט

6
six
זעקס

7
seven
זיבן

8
eight
אַכט

9
nine
נײַן

10
ten
צען

Oo

piano דֿי פֿיאַנע

drum דֿי פּויק

cymbals דֿי טאַצן

harp דֿי האַרף

kettledrum דֿיקעסל־פּויק

french horn דֿער װאַלד־קאָר

clarinet דֿער קלאַרנעט

trumpet דֿער טרומפּייט

violin דֿער פֿידל

bass fiddle דֿער קאָנטראַבאַס

conductor דֿער דיריגענט

orchestra דֿער אַרקעסטער

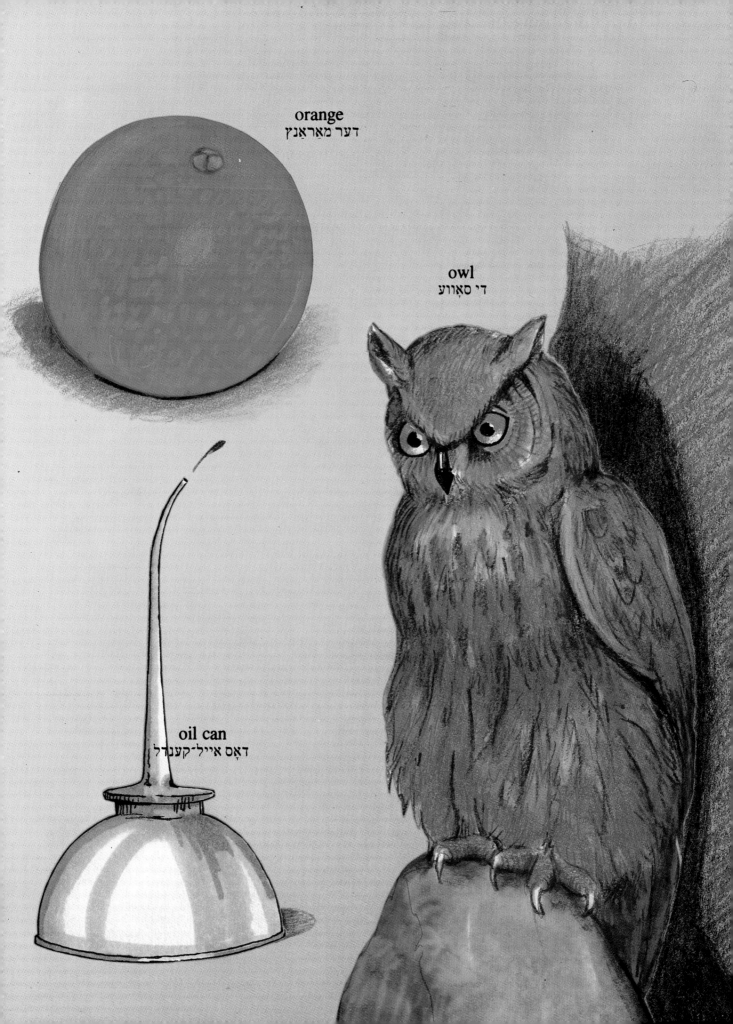

orange
דער מאַראַנץ

owl
די סאָווע

oil can
דאָס אייל-קענדל

Pp

peach
די פֿערשקע

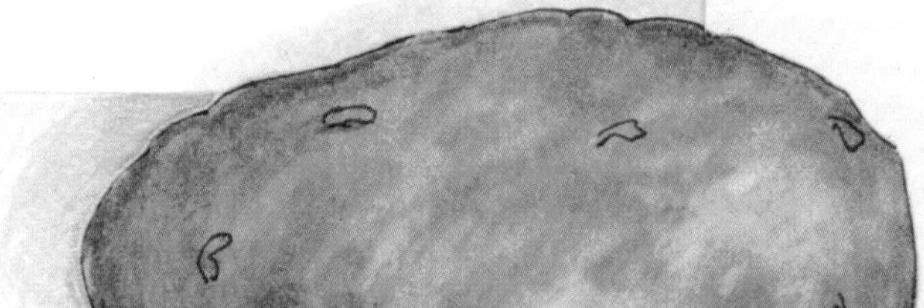

potato
דער קאַרטאָפֿל

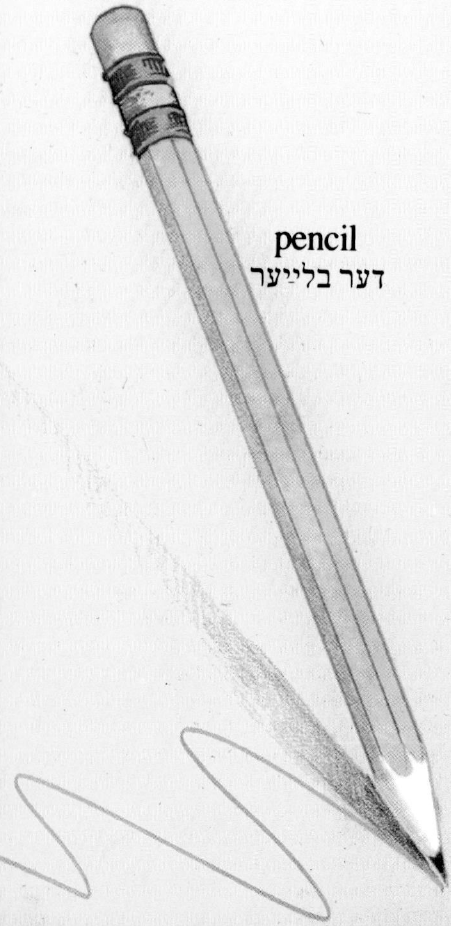

pencil
דער בלייַער

piano
די פּיאַנע

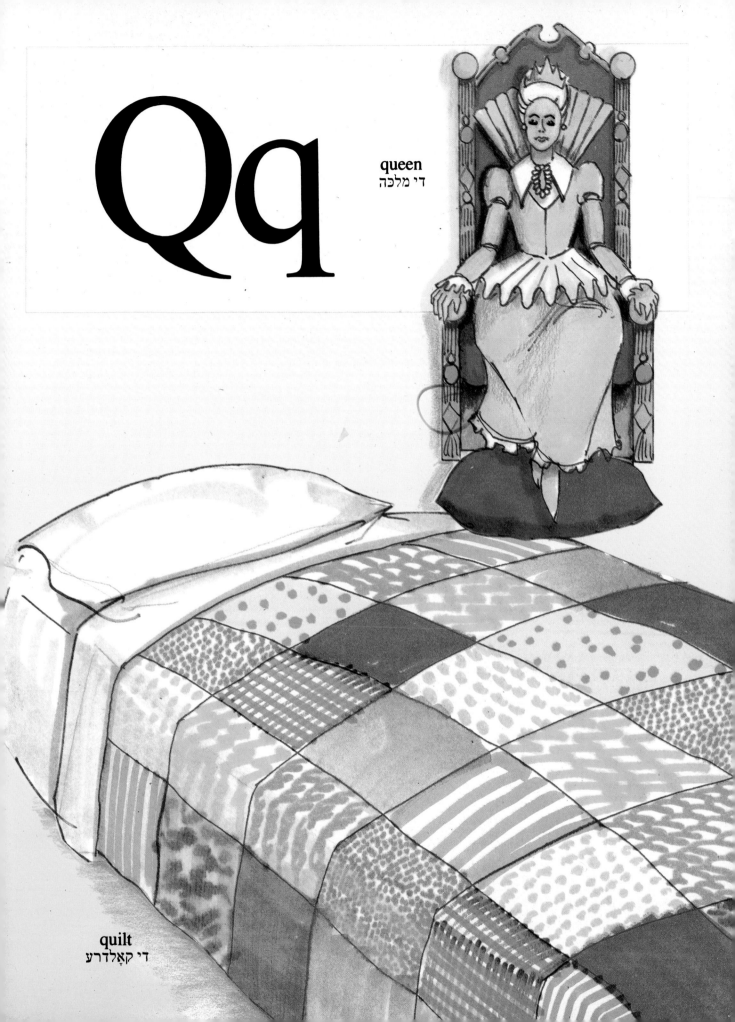

Qq

queen
די מלכּה

quilt
די קאָלדרע

Rr

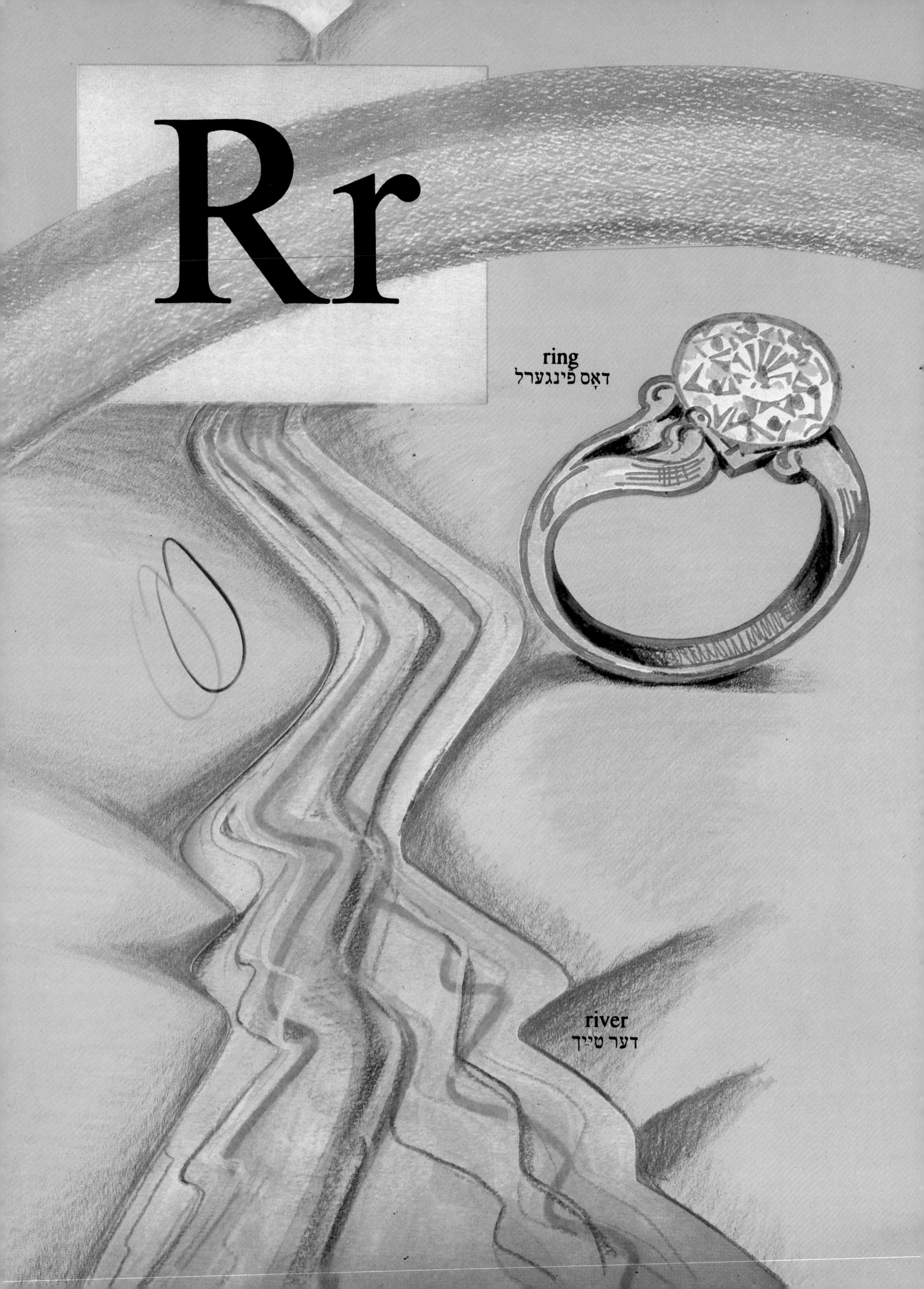

ring
דאָס פֿינגערל
river
דער טײַך

rainbow
דער רעגנבויגן

rose
די רויז

Ss

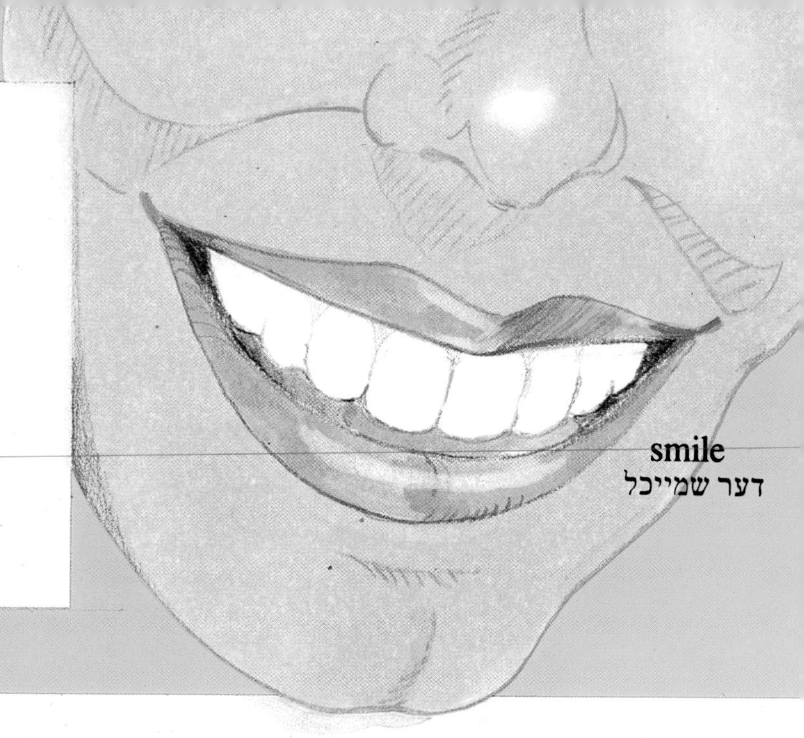

smile
דער שמייכל

shapes
די פֿאָרמען

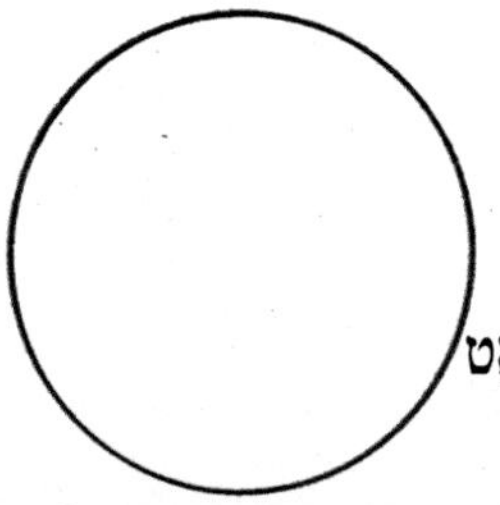

circle
די ראָד

square
דער קוואַדראַט

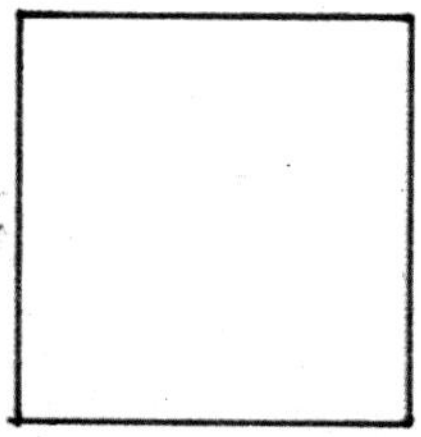

triangle
דער דרייַעק

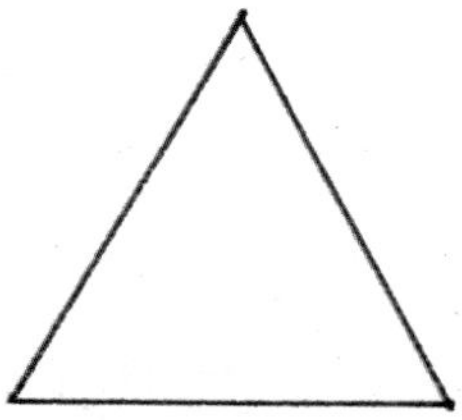

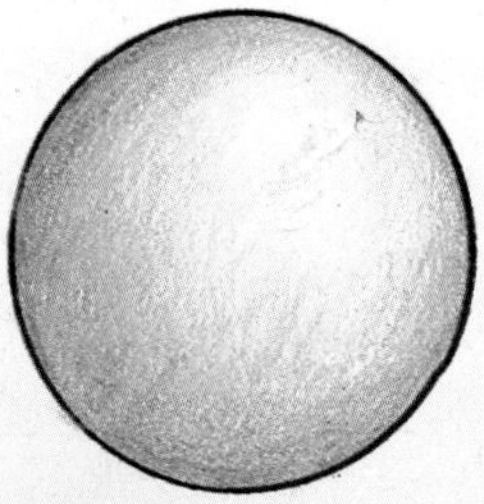

sphere
דער באַלעם

cube
דער קוב

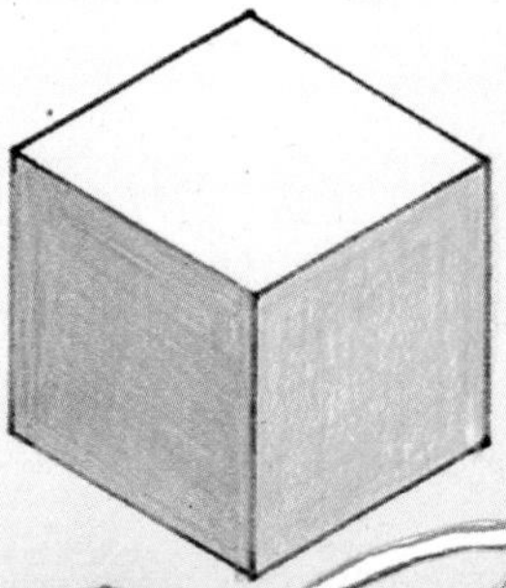

pyramid
די פּיראַמידע

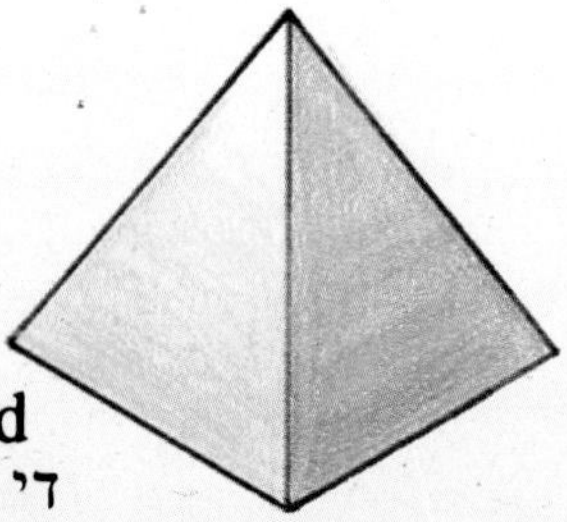

shoe
דער שוך

sun
די זון

ship
די שיף

Tt

tree
דער בוים

telephone
דער טעלעפֿאָן

turtle
די טשערעפּאַכע

Uu

umbrella
דער שירעם

unicorn
דער איינהאָרן

Vv

vine
דער ווײַנשטאָק
villain
דער רשע
vase
די וואַזע

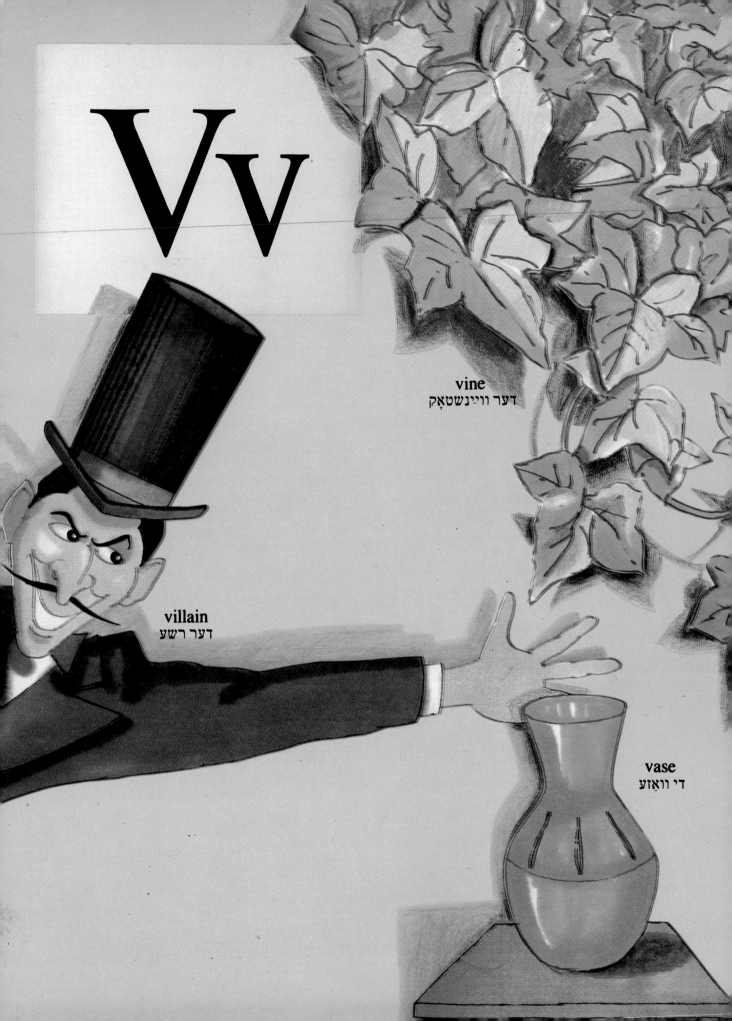

violin
דער פֿידל

village
דאָס שטעטל

Ww

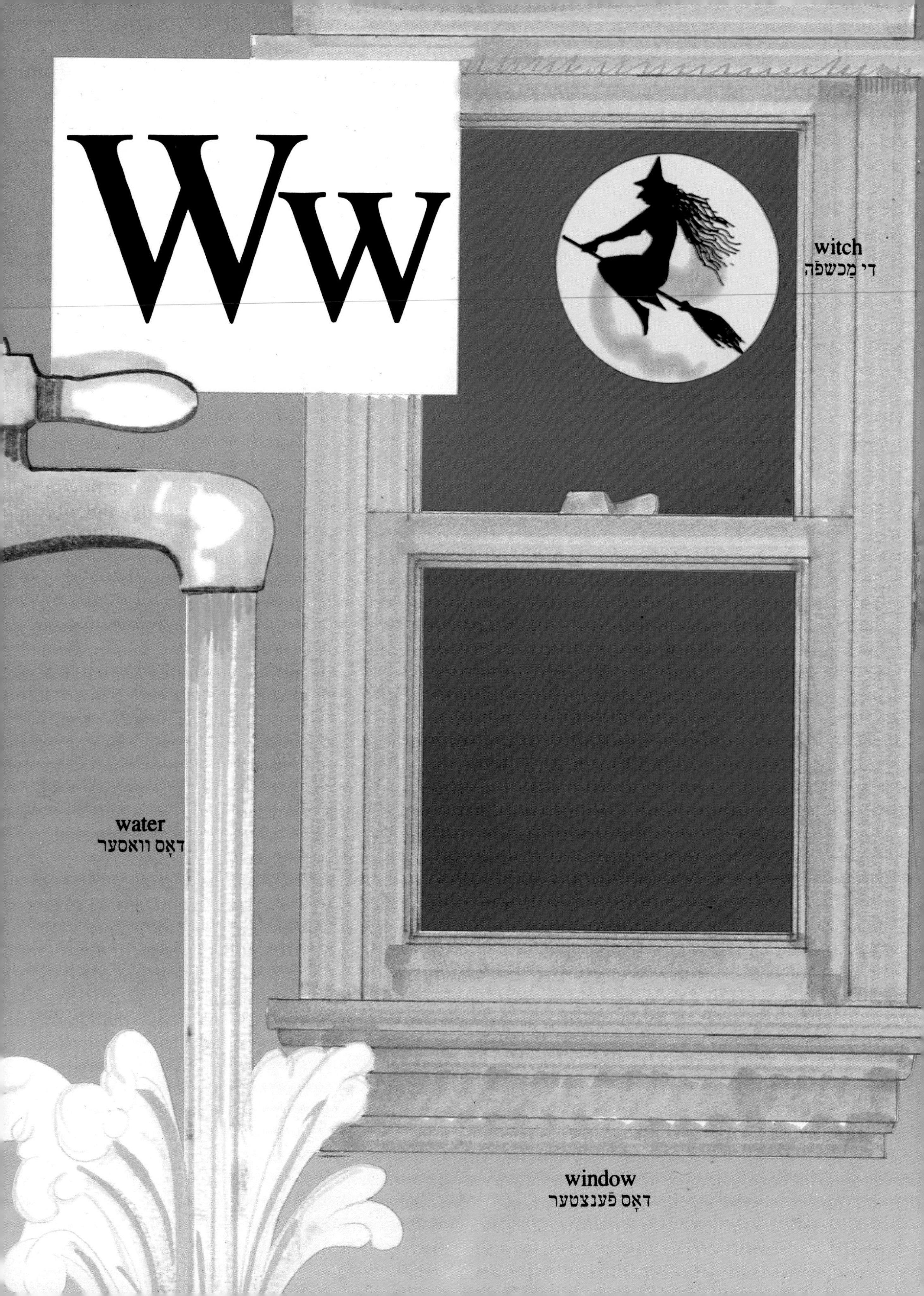

witch
די מַכשפֿה
water
דאָס וואסער
window
דאָס פֿענצטער

Xx

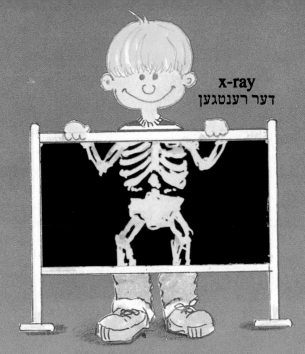

x-ray
דער רענטגען

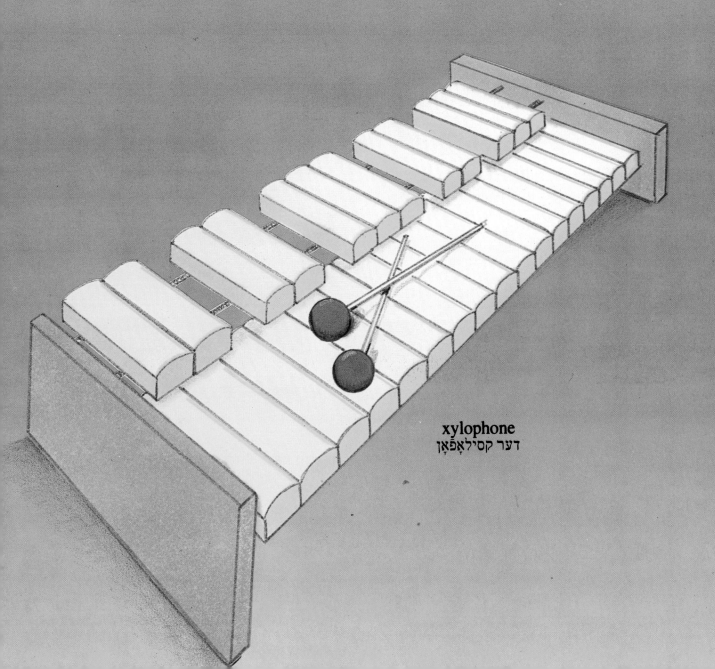

xylophone
דער קסילאָפֿאָן

Yy

yellow
געל

yo-yo
דער יאָ-יאָ

yard
דער הויף

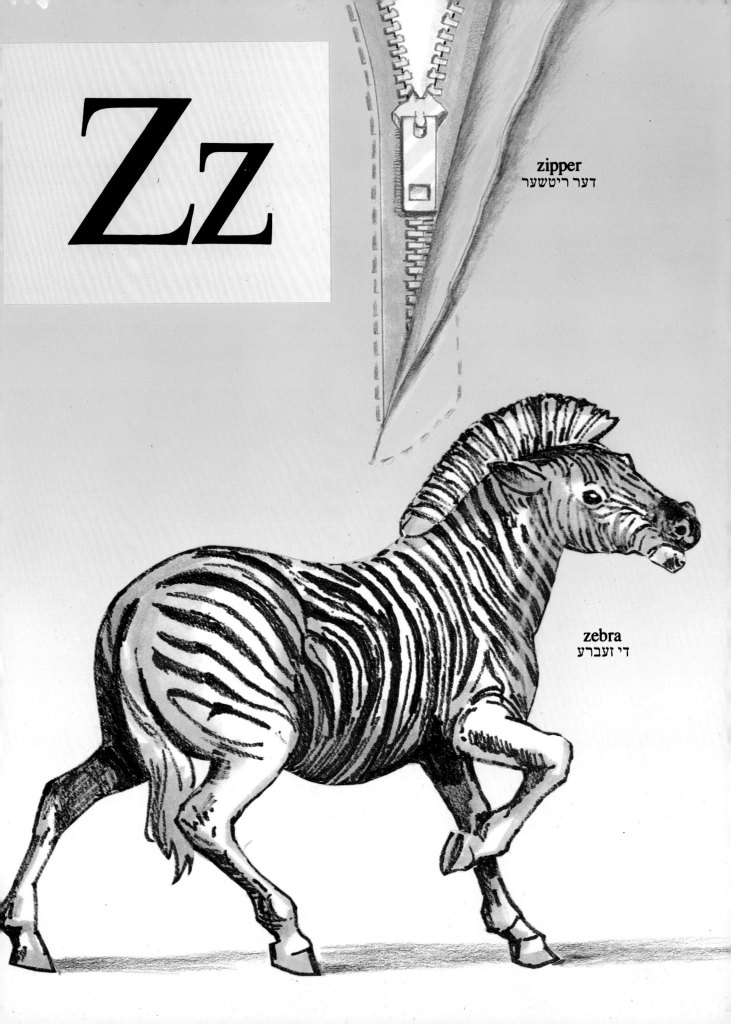

Zz

zipper
דער ריטשער

zebra
די זעברע

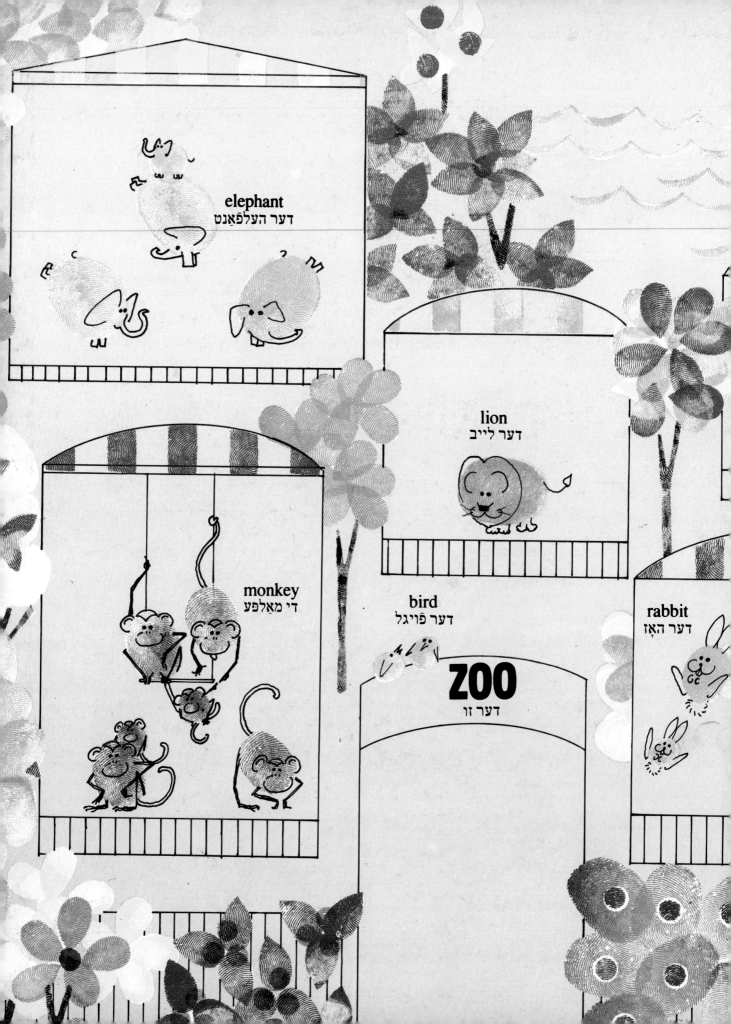

elephant
דער העלפֿאַנט

lion
דער לייב

monkey
די מאַלפּע

bird
דער פֿויגל

rabbit
דער האָז

ZOO
דער זו